AF355762

DE
L'ÉTAT MORAL

DE

NOTRE ÉPOQUE

DISCOURS

PRONONCÉ A LA SORBONNE POUR L'OUVERTURE DU COURS
COMPLÉMENTAIRE DE PHILOSOPHIE

PAR

M. ÉMILE SAISSET

AGRÉGÉ DE LA FACULTÉ DES LETTRES

PARIS

CHEZ GERDÈS, RUE SAINT-GERMAIN-DES-PRÉS, 10

1850

PARIS. — IMPRIMERIE DE GERDÈS,
10, rue Saint-Germain-des-Prés.

DE

L'ÉTAT MORAL

DE

NOTRE ÉPOQUE.

MESSIEURS,

Je ne puis, sans un vif sentiment de reconnaissance, aborder cette chaire où la confiance de la Faculté, consacrant une fois de plus des droits nouveaux, m'autorise à porter la parole. Mais s'il m'est doux d'adresser de publics remerciemens à ces maîtres illustres qui m'ont ouvert leurs rangs avec une bienveillance dont je sens tout le prix, comment envisager sans effroi le périlleux honneur accordé à ma faiblesse? Je parle dans une enceinte où vous êtes habitués à écouter avec recueillement des voix éloquentes et respectées. Où trouverai-je l'autorité qui manque à ma parole? Un seul espoir m'est permis, messieurs, c'est d'obtenir du moins un peu d'indulgence, en vous faisant connaître avec sincérité les motifs sérieux, pressans, j'oserai dire élevés, qui m'ont décidé à quitter les paisibles travaux de la solitude pour affronter la responsabilité de ce grave et hasardeux ministère de l'enseignement public.

Il n'est aucun de vous, messieurs, qui ne sente et qui ne dise que l'époque où nous vivons n'est point une époque ordinaire. Pour l'observateur le moins attentif, c'est en effet chose évidente que nous traversons une de ces crises d'où les sociétés humaines sortent dissoutes ou régénérées. Comment notre civilisation si brillante et si fière se trouve-t-elle aux prises avec cette alternative redoutable? Il est aisé de le concevoir. Une grande et antique société était encore debout il y a soixante années; elle avait reçu en héritage des générations antérieures une foi religieuse, une règle des mœurs, toute une organisation qui embrassait dans ses cadres immenses le foyer domestique, la vie civile, l'état. Cet édifice semblait éternel : il est tombé pourtant, abattu pièce à pièce par les coups répétés des révolutions. C'est que, parmi les idées qui faisaient la force et la vie de l'ancienne société, si un grand nombre s'appuyaient sur la vérité et la justice éternelles, beaucoup d'autres n'étaient vraies que de cette vérité relative que le temps altère, et qui varie avec les progrès de la civilisation. Or, celles-ci avaient peu à peu perdu leur prestige, sourdement minées ou audacieusement attaquées par l'esprit nouveau. A leur place, d'autres idées, pleines de jeunesse et d'attrait, s'étaient emparées de la conscience des peuples et faisaient tressaillir tous les cœurs d'enthousiasme et d'espérance. Un jour vint où les vieux principes, discrédités et flétris, ne purent plus se soutenir, et ils entraînèrent la société entière dans leur chute.

Nous sommes nés au milieu de ces ruines. Depuis un demi-siècle, le problème suivant est posé à la société moderne : entre les idées du passé, idées religieuses, croyances morales, doctrines politiques et économiques, déterminer celles qui ont disparu sans retour et celles, au contraire, dont l'éclipse n'est que d'un instant, et qui, indestructibles comme la justice et la vérité, doivent concourir avec les idées nouvelles à l'organisation d'une société rajeunie?

Voilà le problème! messieurs, mesurez-en toute la profondeur. Nous n'en sommes plus à discuter telle innovation politique, telle ou telle réforme dans la foi religieuse ou dans les mœurs; c'est l'ordre moral en soi, c'est l'ordre religieux et l'ordre politique dans leur fond et dans leur substance qui sont en jeu. Nous avons vu l'esprit de négation se déchaîner avec une audace inouie et du tranchant de son analyse mettre à nu les racines de la société. Je ne sais quel doute nouveau, immense comme l'horizon de l'intelligence humaine, s'est répandu dans les ames. Il semble planer sur nos têtes et de son souffle puissant abattre nos volontés et glacer nos cœurs. On entend retentir ces questions étranges : Y a-t-il une responsabilité humaine? Propriété, famille, gouvernement, qu'est-ce que tout cela? Rien autre chose peut-être que d'utiles lisières qui ont soutenu les premiers pas de l'humanité naissante et que l'humanité virile doit briser! Hommes des temps nouveaux, nous inclinerons-nous encore devant ces mots sacrés pour nos pères : Dieu, la Providence, la vie future? Préjugés vieillis, absurdes chimères, fantômes à jamais évanouis!

Je ne déclame point; il suffit d'ouvrir l'oreille pour recueillir le sinistre écho de ces doutes partout soulevés, et certes, quand on voit de tels doutes pénétrer dans les couches les plus profondes d'une société battue par les orages et qui a précipité dans les flots ses pilotes et son gouvernail, l'angoisse est terrible pour l'ami de l'humanité.

Or, à qui la société demande-t-elle la solution de ces problèmes? Est-ce à la tradition, au témoignage, à quelque autorité visible? Évidemment non. Elle s'adresse à la raison, à la discussion libre, c'est-à-dire au fond, qu'on y consente ou qu'on proteste, qu'on ait peur du mot ou qu'on le prononce avec respect, à la philosophie.

Oui, messieurs, c'est un fait éclatant comme le soleil que les hommes de ce temps ont pris en main le gouvernement de leurs destinées. Toute sorte de tutelle leur est devenue intolérable. Ils ne veulent confier à aucune autorité sans contrôle le soin de fixer leurs croyances, de maintenir leurs droits, d'administrer leurs intérêts. Dans ce naufrage immense de toutes les autorités, une seule reste debout, c'est l'autorité de la raison. La société éperdue se tourne donc vers la raison; elle la presse de lui répondre, et il faut ajouter qu'elle en a le droit. Qui, en effet, a appris aux hommes qu'il existe au fond de leur conscience une lumière infaillible que les orages des passions et les caprices de l'individualité font plus d'une fois vaciller, mais sans pouvoir jamais l'éteindre? Qui leur a dit que le plus beau privilége et l'essence même de l'homme, c'est de penser? Qui a fait cela, si ce n'est pas la raison libre, la philosophie?

C'est donc à elle de répondre à l'appel des ames; c'est à elle d'opérer le difficile triage des préjugés à jamais abattus et de ces principes immortels que les révolutions ne peuvent ébranler sans faire chanceler la civilisation même; c'est à elle, en un mot, d'éclairer les hommes sur leur nature, leur condition, leurs droits, leurs devoirs, leurs espérances. Il ne s'agit plus, comme au siècle de Descartes, de s'isoler dans les régions métaphysiques et d'enfanter mille systèmes ingénieux ou grandioses, pour occuper la noble curiosité de quelques esprits d'élite. Il ne s'agit plus, comme au siècle de Voltaire, de faire partout reconnaître le principe philosophique en déclarant au principe rival une guerre implacable, aujourd'hui terminée. Il faut que la philosophie devienne une force sociale et une croyance positive; il faut qu'elle satisfasse, par une large et incessante prédication, ce besoin universel de lumière qu'elle a éveillé parmi les hommes.

Telle est l'idée que je me forme de ce grand ministère spirituel que la philosophie est appelée à exercer de nos jours. Si elle désertait une mission si sainte et si nécessaire, ce serait pour elle un signe irrécusable d'impuissance; pour la société une ruine certaine, une honte éternelle pour l'esprit humain. Il faut donc que nous tous, faibles ou forts, nous nous mettions à l'œuvre. Quiconque a conservé dans son cœur une foi morale et religieuse, s'il peut la répandre, il le doit. Sa parole risquât-elle d'être inefficace, son action de rester stérile, il n'est point dispensé pour cela de parler et d'agir. Son devoir n'est pas d'atteindre le but, mais d'y marcher d'un pas ferme. Dieu ne lui demande pas le succès, il lui impose l'effort.

Vous savez maintenant, messieurs, pourquoi j'ai entrepris de traiter devant vous les grands problèmes de la morale; vous savez pourquoi je viens vous dire aujourd'hui mon sentiment sur l'état moral de la société présente. En faisant passer sous vos yeux le triste tableau des maladies qui la travaillent, je ne perdrai pas de vue les germes de régénération qu'elle porte en son sein; mais je m'attacherai surtout à marquer avec toute la force dont je suis capable les conditions essentielles sans lesquelles son salut ne saurait s'accomplir.

Je ne suis point un détracteur systématique du temps où nous vivons, un de ces esprits moroses qui semblent se complaire à recueillir les signes d'une décadence prochaine. Non; j'ai foi dans le maintien de cette grande civilisation que le christianisme et la philosophie ont tour à tour perfectionnée, et, quand je cherche l'idéal où ma raison et mon cœur aspirent, ce n'est point vers le passé que se tournent mes regards, c'est vers l'avenir que je sens s'élancer mes vœux et mes espérances; mais, si disposé que l'on puisse être à constater avec sympathie tout ce que notre siècle renferme d'aspirations légitimes, de généreux sentimens, de séve intérieure et de vie, on ne saurait se dissimuler qu'il est aux prises avec un certain nombre de maladies morales dont les symptômes éclatent de toutes parts.

La première que je vous signalerai, c'est l'affaiblissement visible du sentiment de la responsabilité morale. Ce mal se fait reconnaître à des signes trop certains, et d'abord à cette disposition générale des hommes de notre temps à charger la société du soin de leur destinée. Les docteurs de la sagesse nouvelle sont venus, et ils ont dit aux hommes : Pourquoi vous consumer en efforts inutiles dans cette arène dévorante où s'agite la concurrence des vocations, des talens, des intérêts? Pourquoi amasser péniblement une chétive épargne mise en réserve pour les mauvais jours? Lutte stérile, prévoyance dérisoire! Ce n'est point à vous, faibles individus, de vous conserver, de vous diriger, de vous sauver vous-mêmes. Il y a tout près de vous un être merveilleux, dont la puissance est sans bornes, la sagesse infaillible, l'opulence inépuisable. Il s'appelle l'état. C'est à lui qu'il faut vous adresser; c'est lui qui est chargé d'avoir de la force et de la prévoyance pour tout le monde; c'est lui qui devinera votre vocation, qui disposera de vos capacités, qui récompensera vos labeurs, qui élèvera votre enfance, qui recueillera votre vieillesse, qui soignera vos maladies, qui protégera votre famille, qui vous donnera sans mesure travail, bien-être, liberté!

Tels sont les dangereux songes dont on a bercé, dont on abuse encore la naïve ignorance des masses laborieuses. On leur annonce pompeusement qu'on veut les affranchir de l'esclavage de la misère, et la première leçon qu'on leur donne, c'est d'abdiquer leur liberté, c'est de la déposer, comme un insupportable fardeau, entre les mains de l'état ou plutôt du personnage fantastique qu'on appelle de ce nom. Ici, qu'on veuille bien ne pas se méprendre sur ma pensée. A Dieu ne plaise que je me porte le défenseur de cette doctrine excessive et impitoyable, que le pouvoir social n'a point à connaître des besoins et des souffrances des citoyens, et qu'enfermé dans un rôle tout défensif et tout négatif, il doit abandonner les faibles à leur destinée! Je crois au contraire, ainsi qu'un philosophe illustre l'a éloquemment établi (1), je crois que l'état, s'il est avant tout institué pour préserver les citoyens des atteintes de la violence, ne s'élève à ce qu'il y a de plus auguste et de plus sacré dans son idéal qu'à la condition d'exercer un ministère public de protection et de charité; mais est-ce à dire qu'aucune créature humaine se puisse impunément dispenser d'énergie morale et de sagesse, de modération et de prévoyance? Est-ce à dire que même destinée puisse être réservée ici-bas à l'homme indolent, léger, dépravé, et au travailleur honnête, économe, infatigable? Vous qui parlez sans cesse de l'omnipotence de l'état, vous oubliez donc que l'état est un être collectif, lequel n'a de puissance et de ressources que celles des membres qui le composent, et que, si vous voulez avoir un état puissant, il le faut composer, non de stupides ilotes, non d'esclaves despotiquement enrégimentés, mais de mâles et vigoureuses créatures, vivantes et agissantes, éprouvées par la lutte, capables de sentir la grandeur et le poids de la liberté, et qui, au lieu de creuser avec indolence le sillon où les a attachées la main de l'état, s'élancent dans la carrière de la vie avec cette initiative puissante qu'aiguillonne le sentiment de la responsabilité!

Il était digne des sages qui nous ont donné pour beau idéal le despotisme absolu de l'état, d'attacher leur nom à cette autre doctrine, que les droits de chaque individu, dans une société bien ordonnée, sont en proportion, non des mérites, mais des besoins. J'ose dire que jamais plus audacieux et plus insolent défi n'avait été jeté à la raison et à la moralité publiques. Séparer la rémunération de l'œuvre accom-

____

(1) *Justice et Charité*, par M. Cousin, page 53.

plie, c'est retrancher d'un seul coup la liberté et la responsabilité humaines; c'est ramener l'humanité au-dessous de l'état sauvage. Composez en effet par la pensée une société de créatures entièrement dépourvues de moralité; ces êtres n'auront pas de devoirs, mais des appétits, et ces appétits seront tous également légitimes. Or essayez d'établir quelque ordre dans une pareille société. Où trouver un principe de hiérarchie, une règle de distribution raisonnable des charges et des bénéfices, sinon dans l'énergie des besoins? Mais en vérité vous n'aurez pas besoin de vous mettre fort en peine pour établir cette règle; elle s'établira toute seule : le plus fort écrasera le plus faible, et, comme dit le fataliste Spinoza avec une sérénité imperturbable, les gros poissons mangeront les petits (1). C'est donc à l'état de nature que ces ardens zélateurs du progrès veulent nous faire rétrograder, c'est-à-dire au règne de la force.

La force, messieurs, voilà l'idole de notre temps; elle a détrôné la Providence. Qui de nous, si nous voulons être sincères, n'a sacrifié sur l'autel de cette honteuse divinité? Qui de nous, en présence d'une insurrection triomphante ou vaincue, d'une dynastie qui tombe ou qui se relève, d'une popularité qui disparait, ne se sent disposé à accepter l'arrêt des faits accomplis? Certes, l'aveu est triste, mais ce qui peut en diminuer la honte, c'est que nous, hommes encore jeunes, nous avons appris cette adoration de la force à l'école des événemens; nous l'avons comme respirée dans l'atmosphère qui nous entoure. Quel spectacle que celui du monde depuis soixante années! Y a-t-il, je vous le demande, un seul principe, un seul pouvoir qui n'ait excédé son droit, qui n'ait mis la force à la place de la justice? Certes je ne suis pas indifférent entre les deux grandes causes qui se disputent l'Europe, la cause de la révolution et la cause de la tradition; mais, de bonne foi, peut-on dire d'aucune d'elles, même de celle qui est la nôtre, qu'elle ait jamais triomphé sans excès? De là, dans les alternatives de cette lutte d'un demi-siècle, une confusion inextricable du bien et du mal, du bon droit et de la violence, laquelle a couvert d'un épais nuage, même pour les plus fermes regards, la moralité des événemens. De là aussi cette détestable habitude de juger de la légitimité d'un principe par son succès et de ne croire une cause juste que lorsqu'elle a triomphé. A ce compte, la cause de Socrate était donc injuste, puisqu'il a bu la ciguë? Et pour parler d'un autre martyre à jamais sacré pour la raison du philosophe comme pour la foi du chrétien. la cause du Christ était donc injuste, puisque le peuple juif l'a crucifié?

Il est impie de faire du succès la mesure du droit. Sans doute, et c'est ma ferme conviction, il est dans les desseins de Dieu et dans les des-

(1) *Traité théologico-politique*, chap. XVI.

tinées de l'espèce humaine que la cause du droit et de la vérité finisse toujours par prévaloir même ici-bas; mais il est aussi dans la nature de l'homme et dans les plans de la Divinité que cette cause soit assujettie à de rudes et continuelles épreuves. Le monde moral a ses lois comme le monde physique; mais si, pour expliquer celui-ci, il suffit de concevoir des forces gouvernées par une règle constante, pour comprendre la mystérieuse et profonde économie de l'autre, il faut y introduire deux élémens nouveaux, le libre arbitre et la Providence.

Or, c'est un fait malheureusement incontestable que le sentiment du libre arbitre et de la responsabilité humaine ne peut s'affaiblir dans les ames sans que la foi dans la divine Providence n'y subisse une profonde altération.

N'exagérons rien. A-t-on le droit d'accuser notre siècle de cet athéisme grossier où s'égara trop souvent le libertinage d'esprit du siècle dernier? Je ne le crois pas. Je sais qu'il existe une école qui se proclame positive et à laquelle je ne contesterai pas ce titre, pourvu qu'on m'accorde que c'est la plus étroite et la plus aveugle parmi les nombreuses écoles positives qui, depuis Épicure jusqu'à Broussais, ont abaissé et discrédité la philosophie. On dit que les chefs de cette école, qui paraissent assez contens de leur système, ne le sont point du tout du système du monde et ne voient qu'un ouvrage assez médiocre dans cette architecture infinie devant laquelle se découvrait la tête blanchie de Newton. Je sais aussi qu'un esprit effréné, qui semble s'être donné pour mission de déplacer les bornes autrefois connues de l'absurde, et qui peut-être, dans le secret de son ironique génie, aspire plus à étonner qu'à persuader ses contemporains, a identifié Dieu et le mal; mais c'est une justice à rendre à notre siècle qu'il repousse également et ce grossier empirisme et ce délire d'impiété. Grace au progrès de la raison publique, grace aussi aux efforts d'une philosophie généreuse, tous les esprits éclairés s'accordent à reconnaître qu'au-delà des êtres fragiles de l'univers, il doit exister un principe éternel, source profonde et mystérieuse de ce fleuve immense de la vie qui remplit de ses flots toujours renouvelés l'immensité de l'espace et l'infinité du temps. Mais, si grande que soit déjà cette conception de l'être des êtres, suffit-elle à l'humanité? Qu'est-ce pour moi, débile créature, animée de désirs infinis et bornée dans toutes ses facultés, qu'est-ce que Dieu, comme principe absolu de l'existence? Un abîme sans fond, une sorte de formule algébrique, où ma raison se perd et devant laquelle mon cœur reste glacé. Il me faut un Dieu vivant, un Dieu agissant, et non-seulement une intelligence infinie qui préside à l'harmonie du monde visible, mais un Dieu de justice et de bonté qui m'explique les accablans mystères de cet autre monde où s'agitent mes désirs, où gémissent mes affections brisées, où ma soif de connaître et d'aimer appelle un aliment. Voilà le Dieu de la conscience, le Dieu de l'humanité, et c'est ce Dieu dont l'auguste image semble aujourd'hui se voiler. Cherchons à indiquer les causes de cette déplorable maladie.

Il n'est rien de plus difficile à la plupart des hommes que de croire à la réalité d'une puissance qui agit d'une manière continue et ne se manifeste jamais par des actes soudains. Ce qui explique en partie l'ardente foi de nos pères en la divine Providence, c'est leur foi non moins vive en ces interventions extraordinaires de la force d'en haut qu'on appelle des miracles.

Or, depuis trois siècles, les sciences physiques et naturelles, portant le flambeau de l'observation dans tous les degrés de l'échelle des êtres, ont conspiré à persuader aux hommes que rien ne se produit dans ce vaste univers que par des lois générales et constantes. Le surnaturel, chassé, pour ainsi dire, de position en position, a fini par disparaître, et il a emporté avec lui le sentiment de la Providence. Pour le gros des ames vulgaires, il a semblé que Dieu n'agissait plus du moment qu'il agissait selon le caractère de son immuable essence, comme s'il n'était pas souverainement digne de Dieu, ayant donné à l'univers les lois les plus belles et les plus sages, d'y rester éternellement fidèle, suivant cette magnifique parole d'un ancien : *Semel jussit, semper paret.*

Voilà donc l'homme sans Dieu; or, c'est un des plus nobles traits de sa nature qu'un pareil état lui soit insupportable. Il faut à tout prix qu'il se forme un idéal qui réponde à ce besoin d'adoration et d'amour qui l'agite au plus profond de son cœur. Si vous fermez à l'homme le ciel, il cherchera Dieu sur la terre, et, comme il n'est rien sur la terre de plus grand que l'homme, vous verrez l'homme s'adorer lui-même et se faire Dieu.

C'est dans cet abîme de folie que beaucoup d'esprits se sont précipités. On veut bien reconnaître Dieu, mais à condition de le reléguer dans la région inaccessible de l'inconnu. Et comme il faut un Dieu visible aux masses populaires, on leur propose le culte de l'humanité.

J'ai dit la première cause de ce prodigieux délire, à savoir l'oubli de la Providence. Il y a une seconde cause que je veux signaler. Convenez-en, messieurs, l'esprit humain a fait de grandes choses depuis trois siècles. Au sortir des orages féconds de la réforme, laquelle préludait par l'affranchissement de la conscience religieuse à la conquête de toutes les autres libertés, voyez l'esprit nouveau proclamer par la bouche de Descartes les droits de la pensée et lui donner dans la conscience son inébranlable point d'appui. De là, l'intelligence humaine s'élance et parcourt l'univers entier. Newton découvre la loi de la gravitation, et bientôt le monde physique n'a plus pour l'homme de secrets. L'industrie alors y porte la main, l'assouplit, le dompte, le transfigure; mais il ne suffit pas à la pensée de se déployer avec une fécondité merveilleuse dans la sphère matérielle, elle entre dans la société. Montesquieu et Rousseau scrutent les fondemens des institutions et des lois. Ici encore, de la spéculation la plus hardie, l'esprit humain passe à l'action, et, trouvant le monde social mal fait, il le détruit, et pose par les mains d'une assemblée immortelle les bases d'un ordre meilleur.

Certes, on comprend qu'après avoir accompli de tels ouvrages par la raison et la liberté, l'humanité se soit estimée bien haut, qu'elle ait senti fortement sa puissance; mais elle a fait plus que cela : elle s'en est enivrée; elle a eu pour elle-même je ne sais quelle complaisance infinie; elle a perdu le sentiment de sa faiblesse et s'est persuadée que rien ne lui était désormais impossible, qu'elle était capable de changer les conditions éternelles de sa nature et de faire de ce monde un lieu de délices, un paradis.

Je touche ici la plaie la plus profonde de notre temps. Vous remarquerez, messieurs, qu'il y a jusque dans les égaremens de l'esprit humain une sorte de logique, ce qui faisait dire au Dante ce mot spirituel et profond, que le diable est bon logicien. Admettez en effet que l'homme soit Dieu, il doit posséder cet attribut de la Divinité qui est la béatitude. Si notre nature est accomplie, toutes nos passions sont légitimes, et le bonheur parfait doit résulter pour nous du développement libre et complet de ces passions. Or quel sera le théâtre de ce bonheur? Le ciel? Il n'y a plus de ciel, dès qu'il n'y ja plus de Providence. Ce sera la terre. De là l'idée du paradis ici-bas, une de ces monstrueuses folies qui font réfléchir avec tristesse au jugement que portera sur nous l'avenir. Ici nos sages se divisent. Les uns, poussant la logique jusqu'au bout, déclarent ce paradis réalisable pour l'individu et s'offrent même à le construire en quelques jours et à peu de frais; les autres, moins grossièrement chimériques, se bornent à présenter à l'espèce humaine l'idéal d'une félicité toujours croissante, dont les conditions s'établissent avec le temps; mais, de crainte d'exciter quelque jalousie entre les générations successives, et pour laisser à chacun de nous une juste espérance, ils nous prophétisent une série de résurrections futures, de sorte que nous voilà assurés de revenir de siècle en siècle boire à cette coupe de délices où le progrès indéfini de toutes choses verse incessamment de nouvelles voluptés. Je croirais faire injure à votre bon sens, messieurs, si je m'attachais à démontrer que, de toutes les chimères, la plus creuse est celle d'un paradis sur la terre. Ces prophètes du bonheur parfait ne connaissent pas même les conditions du bonheur humain. Persuadez à l'homme qu'il n'y a rien au-delà de l'existence terrestre, sa vie n'a plus d'horizon, son cœur se dévore lui-même, faute d'aliment. De tous les animaux, il est le plus misérable, puisqu'il est le seul qui pense à la mort. Renvoyons les profonds penseurs qui veulent faire descendre le ciel sur la terre au mot de Pascal : « Si plaisante que soit la comédie, le dernier acte est toujours sanglant. On jette sur vous deux ou trois pelletées de terre, et en voilà pour jamais. »

Je viens, messieurs, de dérouler devant vous la longue suite des infirmités morales de notre temps. Embrassez-les maintenant d'un seul coup d'œil, et il vous sera difficile de ne pas éprouver un profond sentiment d'inquiétude, je dirai presque d'effroi. Songez-y en effet : nous avons compté trois grandes et radicales maladies : la première, c'est l'altération du sentiment de la responsabilité humaine, et par suite le culte de la force et du succès; la seconde, c'est l'altération du sentiment de la Providence divine, et par suite l'idolâtrie de l'humanité; la troisième, c'est l'altération du sentiment de la vie future, et par suite la chimère du bonheur parfait ici-bas. Qui ne voit que ces trois maladies atteignent les trois sources où s'alimente la vie morale du genre humain?

Cherchez en effet à quelles conditions la vie humaine peut revêtir et conserver un caractère moral. Évidemment il faut d'abord que l'homme se reconnaisse libre et responsable de ses actes. S'il n'y a pas de liberté pour l'homme, il n'y a pas de devoirs; car, sans recourir même à la savante analyse d'Emmanuel Kant, il est clair que le devoir implique la liberté. Or, si vous ôtez à l'homme ses devoirs, vous lui ôtez ses droits. Qu'est-ce qu'un droit que tous les hommes n'auraient pas le devoir de respecter, un droit auquel pourrait s'opposer légitimement un droit rival? Il n'y a pas, dit Bossuet, de droit contre le droit, et par conséquent il n'y a pas de droit où il n'y a pas de devoir.

Tout s'enchaîne ici avec une rigueur mathématique. Point de liberté et de responsabilité, point de devoir; point de devoir, point de droit; point de droits ni de devoirs, c'en est fait de la dignité humaine, c'en est fait de toute civilisation et de toute société.

Il ne suffit point à l'homme, pour posséder le caractère d'un être moral, d'avoir un sentiment énergique de sa liberté; il faut qu'il en connaisse l'usage. La liberté est d'un prix infini sans doute, mais en définitive elle n'est qu'un moyen, et ce moyen se rapporte à une fin supérieure. Admettez que l'homme ait été jeté dans un coin du monde par le hasard, admettez que l'humanité n'ait aucun rôle à jouer sur cette scène immense de l'univers, et que tous les êtres de la nature existent aussi sans but et sans raison, je demande si la nature et l'humanité ne deviennent pas pour votre esprit des énigmes indéchiffrables, je demande si la liberté en particulier n'est point une notion vide de sens.

Il faut donc reconnaître que tout dans l'ordre universel des choses a été créé pour une fin, que l'homme a la sienne, comme le reste des êtres, avec ce privilége singulier, qu'au lieu d'y aller sans le savoir et sans le vouloir, au lieu de tourner, comme les astres du ciel, dans une orbite inflexible, l'homme connaît sa fin, se trace à lui-même sa ligne d'action et y marche avec liberté. Ce qui est pour le reste des êtres nécessité, pour lui est devoir; ce qui s'appelle dans la nature harmonie et régularité porte dans le monde moral le nom sublime de vertu. Or, quelle est l'idée qui explique ainsi le mystère de l'existence universelle et l'énigme de la liberté, qui répand sur toute la nature je ne sais quelle douce et pure lumière et attache au front de l'homme la divine auréole de la moralité? Cette idée, c'est celle de la Providence.

Ici, l'analyse des conditions de la moralité humaine serait épuisée, si notre destinée s'accomplissait et pouvait s'accomplir ici-bas; mais il n'en est pas ainsi : l'homme sent en lui une capacité infinie de penser, d'aimer, de jouir, et tout dans ce monde est limité. La condition terrestre serait donc chose contradictoire, la Providence resterait convaincue d'injustice et de tromperie, ou plutôt il n'y aurait pas de Providence, si vous conceviez la vie humaine comme une pièce achevée, au lieu d'être le premier acte d'un drame immortel.

Et maintenant, faut-il croire que ces trois idées qui donnent à la vie terrestre tout son prix, la liberté, la Providence, l'immortalité, tendent à s'effacer désormais de la conscience des hommes? Avouons-le loyalement : au spectacle de tant de folies, de chimères, de blasphèmes, des esprits élevés ont pu croire à une décadence morale, prélude sinistre d'une décadence politique et d'une dissolution universelle. Je ne partage point, mais je comprends ce trouble de plus d'un noble cœur. Ils ont pu se dire avec amertume : Qui nous assure que le genre humain ne fait pas fausse route depuis trois siècles? De Luther à Descartes, de Descartes à Voltaire, de Voltaire à Sieyès et à Mirabeau, qu'a-t-il fait, sinon de frapper à coups redoublés sur le même adversaire? et cet adversaire, c'est l'autorité. D'abord, l'autorité religieuse, puis l'autorité philosophique, puis enfin l'autorité politique, chacune a eu son tour. Tout ce qui contient les hommes, tout ce qui les classe et les dirige a été abattu. A la place de cette hiérarchie régulière, de ces rapports définis de l'ancienne société, s'agitent sous un brutal niveau une multitude d'atomes humains animés d'un désir effréné de jouissances qu'aucune force ne peut ni satisfaire ni modérer, foule mobile, aveugle, insatiable, ingouvernable.

Voilà des pensées, voilà des doutes auxquels peu d'esprits sérieux ont pu entièrement se dérober. Eh bien! je le dirai sans détour, ne pas comprendre ces doutes, ce serait de l'aveuglement; mais je me hâte d'ajouter que ne pas les vaincre en soi-même, ce serait de la faiblesse.

Quoi! dirai-je à ces esprits abattus, auriez-vous bien le triste courage de renier, dans la seconde moitié de votre vie, cette même cause que votre jeunesse et votre maturité ont aimée et servie? Quoi! cette noble philosophie de Descartes, qui séduisit l'altier dogmatisme de Bossuet, l'austère esprit d'Arnaud, l'ame tendre et pure de Fénelon; quoi! cette science sublime autant que bienfaisante, qui, sur les pas de Galilée, de Newton, de Leibnitz, de Linnée, de Buffon, a dévoilé à l'œil de l'homme les secrets de la terre et les profondeurs des cieux; quoi! cette liberté sainte qu'adorèrent Turgot et Montesquieu; ces droits de l'homme dont la Constituante a écrit la charte impérissable, vous renierez toutes ces conquêtes scellées des souffrances et du sang de nos pères! A qui persuaderez-vous que la Providence ait mis tant de beaux génies, tant de grands caractères, tant de travaux, tant de découvertes, tant de vertus, au service du mal?

Vous contemplez avec tristesse cet appétit immodéré du bonheur qui fait, je l'avoue, un des traits distinctifs de notre âge; mais, à côté de ce désir souvent brutal, n'y a-t-il point un généreux sentiment de justice qui veut appeler tous les hommes à la lumière, à la liberté, à l'exercice des plus nobles droits? Après tout, l'aspiration au bonheur est légitime en soi; elle est un des instincts que la Providence a mis au cœur de l'homme. Est-ce en vain que Dieu a fait la nature si riante et si belle? est-ce en vain qu'il a donné à l'amour et à l'amitié un charme si impérieux? est-ce aussi en vain qu'il a fait don à quelques-uns de ses enfans de ce génie qui découvre les lois de la nature et en met les forces dans notre main? L'aisance, la richesse, sont d'ailleurs, ne l'oublions pas, un moyen de s'élever du grossier labeur d'une vie toute matérielle au développement de l'esprit, et qui oserait dire que la Providence a condamné l'immense majorité de l'espèce humaine à une ignorance et à une misère irrémédiables? Sans doute la souffrance ne sera jamais détruite, parce qu'elle est une suite de la nature et de la condition humaine; la misère elle-même ne sera jamais vaincue; mais n'est-ce point une pensée pieuse, ou du moins une espérance permise, que le cercle de la misère ira sans cesse se rétrécissant, et qu'il s'en échappera d'âge en âge un nombre toujours croissant de créatures affranchies du joug du besoin, capables d'exercer leur intelligence et de reconnaître au fond d'elles-mêmes en traits plus éclatans l'image obscurcie de Dieu?

Il ne s'agit donc pas d'étouffer cette aspiration universelle au bien-être, à l'indépendance, à l'égalité; il s'agit de la régler, et, pour cela, le plus sûr moyen dans une société qui ne croit plus que ce qu'elle comprend et ne veut rien admettre sur parole, c'est la prédication universelle des idées morales, c'est la démonstration infatigable de ces trois dogmes vivifians : la responsabilité humaine, la Providence, l'immortalité.

Vous connaissez maintenant, messieurs, celui qui vous parle, ses convictions, ses desseins, ses espérances. Quiconque nie, altère ou met en doute l'une des vérités saintes que je viens de proclamer, je le tiens pour un adversaire; mais quiconque, en inclinant sa foi devant ces vérités éternelles, les déclare incompatibles avec les conquêtes de la philosophie et de la révolution, je le tiens aussi pour un adversaire. Je vous propose, messieurs, d'inscrire sur notre commun drapeau cette double devise : Le salut de la société par le réveil des croyances morales, le réveil des croyances morales par la philosophie et la liberté.